Foilsithe den chéad uair ag Futa Fata, An Spidéal, Co. na Gaillimhe, Éire
An chéad chló © 2024 Futa Fata
Liricí agus ceol © 2024 Tadhg Mac Dhonnagáin agus John Ryan
Maisiú © 2024 Tarsila Krüse agus Úna Woods
An leabhar agus an taifeadadh (P) & © 2024 Futa Fata

ISBN: 978-1-910945-73-5

Pictiúr clúdaigh agus páipéir cheangail: Tarsila Krüse

Dearadh, idir leabhar agus chlúdach: Daire Ó Beaglaoich, Graftrónaic, Corca Dhuibhne

Ár mbuíochas le Clár na Leabhar, Foras na Gaeilge, faoin tacaíocht airgid

Fuair an ghné thaifeadta den tionscadal seo tacaíocht ó COGG,
An Chomhairle um Oideachas Gaeltachta agus Gaelscolaíochta

Thacaigh an Chomhairle Ealaíon le foilsiú an leabhair seo

Gach ceart ar cosaint. Ní ceadmhach aon chuid den fhoilseachán seo a atáirgeadh,
a chur i gcomhad athfhála, ná a tharchur ar aon bhealach nó slí, bíodh sin leictreonach, meicniúil,
bunaithe ar fhótachóipeáil, ar thaifeadadh nó eile, gan cead a fháil roimh ré ón bhfoilsitheoir.

Futa Fata,
An Spidéal,
Co. na Gaillimhe.

Fón: + 353(0)91 504 612
Ríomhphost: eolas@futafata.ie
Suíomh gréasáin: www.futafata.ie

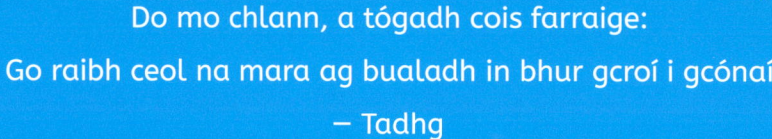

Do mo chlann, a tógadh cois farraige:
Go raibh ceol na mara ag bualadh in bhur gcroí i gcónaí
— Tadhg

Do Prem Rawat, le buíochas ó chroí
as an inspioráid shíoraí
— John

Do na páistí aislingeacha a bhfuil grá acu
don cheol agus don fharraige
— Tarsila

Do Rosie agus Dylan
— Úna

Clár

Oscail do Shúile	2
Peadar Portán	4
Cé as a dTagann na Tonnta?	6
Póilín Piongain	8
Fungie	10
Raghnall Rón	12
An Crotach	14
Brídín Bradán	16
Seo Chugainn an Stoirm	18
Brónach Cois Cuain	20
Tógfaimid Caisleán	22
Míol Mór Mise	24
Cé a Chlúdaigh Mé le Gaineamh?	26
Smugairle Róin	28
An Turtar a Sheol i bhFad i gCéin	30
Albatras	32
Seolaim mo Bháidín	34
An Sliogán	36
An Fharraige, an Fharraige	38
Ceol na Mara	40

Oscail do Shúile

Feicim cloigeann, feicim srón.
Féach san uisce – féach an rón!
Feicim rón san uisce os mo chomhair.
Feicim rón ag snámh san fharraige mhór.

Feicim éan 'tá mór is bán.
Féach san uisce – sin faoileán!
Faoileán bán san uisce os mo chomhair.
Feicim faoileán bán san fharraige mhór.

Curfá:
Oscail do shúile is tú ag siúl cois cladaigh.
Oscail do shúile is tú ag siúl cois trá.
Oscail do shúile is tú ag siúl cois cladaigh.
Bíonn rudaí nua le feiceáil gach aon lá.

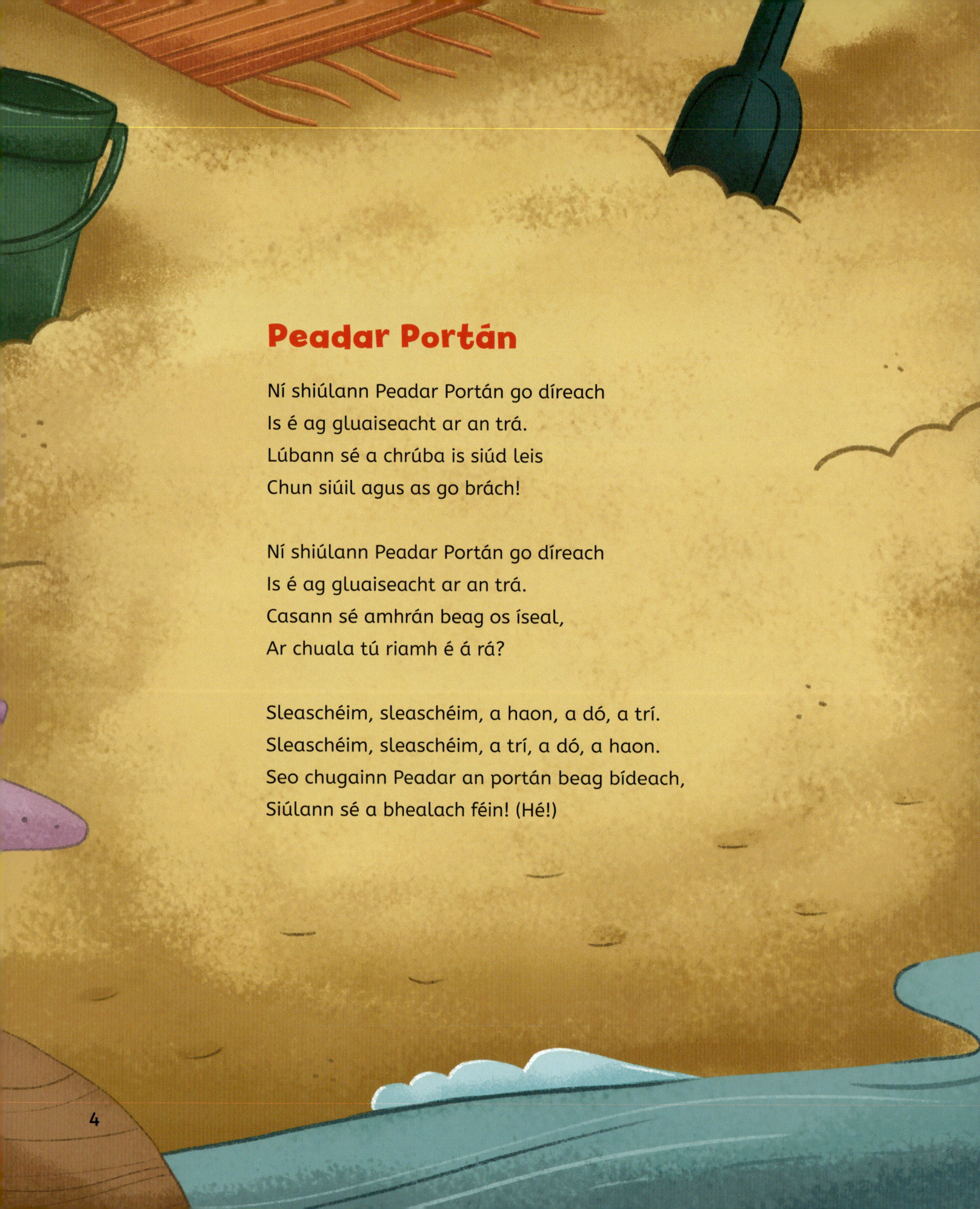

Peadar Portán

Ní shiúlann Peadar Portán go díreach
Is é ag gluaiseacht ar an trá.
Lúbann sé a chrúba is siúd leis
Chun siúil agus as go brách!

Ní shiúlann Peadar Portán go díreach
Is é ag gluaiseacht ar an trá.
Casann sé amhrán beag os íseal,
Ar chuala tú riamh é á rá?

Sleaschéim, sleaschéim, a haon, a dó, a trí.
Sleaschéim, sleaschéim, a trí, a dó, a haon.
Seo chugainn Peadar an portán beag bídeach,
Siúlann sé a bhealach féin! (Hé!)

Cé as a dTagann na Tonnta?

Cé as a dtagann na tonnta?
Cé as a dtagann siad go léir?
Cé as a dtagann na tonnta?
Cé as a dtagann siad go léir?

Ní ghlacann siad briseadh.
Ní stopann siad riamh.
Codlaíonn an ghealach,
Codlaíonn an ghrian,
Ach…

Cé as a dtagann na tonnta?
Cé as a dtagann siad go léir?

Póilín Piongain

Ní féidir le Póilín Piongain eitilt.
(Nach féidir?)
Ní féidir léi eitilt suas go hard.
B'fhearr le Póilín fanacht thíos san uisce.
(San uisce?)
B'fhearr le Póilín Piongain a bheith ag snámh.

Thíos san uisce a chónaíonn a cairde.
(Cé hiad sin?)
Bíonn sí ag spraoi le Micilín Míol Mór.
(Míol Mór?)
Beireann sí ar iasc nó dhó don dinnéar,
Í féin is a cara Róise an Rón.

Ní féidir le Póilín Piongain eitilt.
(Ní féidir léi eitilt!)
Ní féidir léi eitilt suas go hard.
(Ní féidir, an créatúirín!)
B'fhearr le Póilín fanacht thíos san uisce.
(Thíos san uisce!)
B'fhearr le Póilín Piongain a bheith ag snámh.
(A bheith ag snámh.)

Fungie

Bhí deilf ag snámh san fharraige.
Shnámh sé isteach sa chuan.
"Is maith liom an áit seo," a deir sé.
"Fanfaidh mé go buan."

Is tháinig na daoine ag féachaint
Ar an deilf sa chuan.
"Fan linn anseo," a dúirt siad.
"Fan linn anseo go buan."

D'fhan sé sa chuan ar feadh blianta.
Ba bhreá leis a bheith ag spraoi.
Is tháinig na daoine ag féachaint
Ar Fungie, deilf mhór Chiarraí.

Beidh cuimhne ar Fungie i gcónaí,
Ar an deilf sa chuan.
An deilf a d'fhan ar feadh blianta.
Beidh cuimhne air go buan.

Raghnall Rón

Mise Raghnall Rón is tá mé brónach.
Ní maith liom é sa sorcas seo níos mó.
Bíonn mo shrón san aer agam i gcónaí
Is mé ag bualadh liathróidí sa seó.

Ó fágfaidh mé an sorcas seo ar maidin.
Imeoidh mé go Gaillimh ar an traein.
Tabharfaidh tacsaí buí mé siar abhaile
Is beidh mé i gConamara in am don tae.

An Crotach

"Breathnaigh ar mo ghob," arsa an crotach,
"An gob is áille san áit.
'Sé atá fada agus lúbach.
Nach ormsa atá an t-ádh!

"Sáim síos sa ghaineamh é
Ag cuardach béile bia.
An bricfeasta is ansa liom
Ná féasta péistíní!

"Breathnaigh ar mo chlann," arsa an crotach,
"Is iad ag siúl na trá.
Tá gob mór fada is lúbach
Ar gach aon chrotach san áit.

"Goib mhóra fhada sa ghaineamh
Ag cuardach béile bia.
An bricfeasta is ansa linn
Ná féasta péistíní!"

Brídín Bradán

Rugadh Brídín Bradán in abhainn bheag in Éirinn.
D'fhás sí is d'fhás sí is d'imigh sí ag snámh.
Síos tríd an abhainn léi, amach i dtreo na farraige.
"Seo liom chun siúil," arsa Brídín. "Slán!"

Shnámh sí is shnámh sí trasna na farraige,
Na mílte míle i bhfad, i bhfad siar,
Ag snámh leis na hochtapais is míolta móra millteacha
Gur shroich sí ceann scríbe i ndeireadh thiar.

D'fhan Brídín Bradán ar chóstaí fuara Cheanada.
Bhí sí breá sásta ann, píosa maith dá saol
Go dtí gur bhuail smaoineamh í maidin bhreá san earrach,
"Seo liom," arsa Brídín, "go hÉirinn arís!"

Shnámh sí is shnámh sí trasna na farraige,
Na mílte míle i bhfad i bhfad aniar,
Ar ais chuig an abhainn bheag ar rugadh ann í fadó.
"Nach álainn," arsa Brídín, "a bheith sa bhaile arís!"

Seo Chugainn an Stoirm

Gaoth mhór, gaoth mhór ag séideadh.
Seo chugainn, seo chugainn an stoirm.
Tonnta, tonnta ag pléascadh.
Seo chugainn, seo chugainn an stoirm.

Faoileán, faoileán ag caoineadh.
Seo chugainn, seo chugainn an stoirm.
Sianaíl, sianaíl na gaoithe.
Seo chugainn, seo chugainn an stoirm.

Brónach Cois Cuain

Tháinig muid ar saoire cois na farraige.
Tháinig muid ar saoire cois na trá.
Tháinig muid le súgradh ar an gcladach.
Tháinig muid le dul isteach ag snámh.

Curfá:
Ach níor stop an bháisteach le seachtain
Is tá mise brónach is fuar.
Níor stop an bháisteach le seachtain
Is tá mise brónach cois cuain.

"Déanfaidh muide pictiúr deas le chéile."
Sin a deir mo mhamaí gach aon lá.
Ach tháinig muid le súgradh ar an gcladach.
Tháinig muid le dul isteach ag snámh.

Curfá

"Déanfaidh muide cáca deas le chéile."
Sin a deir mo dhaidí gach aon lá.
Ach tháinig muid le súgradh ar an gcladach.
Tháinig muid le dul isteach ag snámh.

Curfá

Tógfaimid Caisleán

Líon an buicéad.
Líon an buicéad.
Líon é le gaineamh.
Líon é le gaineamh.
Is de réir a chéile,
Tógfaimid caisleán.

Líon an buicéad.
Líon an buicéad.
Líon é le sliogáin.
Líon é le sliogáin.
Is de réir a chéile,
Tógfaimid caisleán.

Curfá:
Caisleán álainn ar an trá,
Le fuinneoga is doras ann.
Tógfaimid an ceann is fearr ar domhan!

Líon an buicéad.
Líon an buicéad.
Líon é le huisce.
Líon é le huisce.
Is de réir a chéile,
Tógfaimid caisleán.

Curfá

Míol Mór Mise

Míol mór mise.
Míol mór mise.
Ag tumadh, ag tumadh san uisce.

Míol mór mise.
Míol mór mise.
Ag scairdeadh, ag scairdeadh uisce.

Síos liom, ag snámh, i bhfad, i bhfad síos.
Ag snámh ar feadh an lae.
Tagaim aníos, anois is arís,
Go bhfeice mé an spéir.

Míol mór mise.
Míol mór mise.
Is breá liom,
Is breá liom an t-uisce.

Cé a Chlúdaigh Mé le Gaineamh?

Thit mo dhaidí ina chodladh,
Ina chodladh ar an trá.
Chlúdaigh muid é le gaineamh,
Le gaineamh ó bhun go barr.
Dhúisigh sé go tobann,
Dhúisigh sé is bhéic go hard:

Curfá:
"Cé a chlúdaigh mé le gaineamh?
Cé a chlúdaigh mé ó bhun go barr?
Cé a chlúdaigh mé le gaineamh
Is mé i mo chodladh ar an trá?"

Thit mo mhamaí ina codladh,
Ina codladh ar an trá.
Chlúdaigh muid í le gaineamh,
Le gaineamh ó bhun go barr.
Dhúisigh sí go tobann,
Dhúisigh sí is bhéic go hard:

Curfá

Ansin thit mise i mo chodladh,
I mo chodladh ar an trá.
Chlúdaigh siad mé le gaineamh,
Le gaineamh ó bhun go barr.
Dhúisigh mé go tobann,
Dhúisigh mé is bhéic go hard:

Curfá

Smugairle Róin

Smugairle róin, smugairle róin,
An bhfeiceann tú é?
Ballerina os do chomhair
San uisce glé?

Curfá:
'Sé a chuirfidh cealg ionat
Má bhuaileann tú é.
'Sé a chuirfidh cealg ionat –
Seachain thú féin!

Níl aon ghlór ag an smugairle róin,
Ní chloisfidh tú é.
Ballerina os do chomhair
San uisce glé.

Curfá

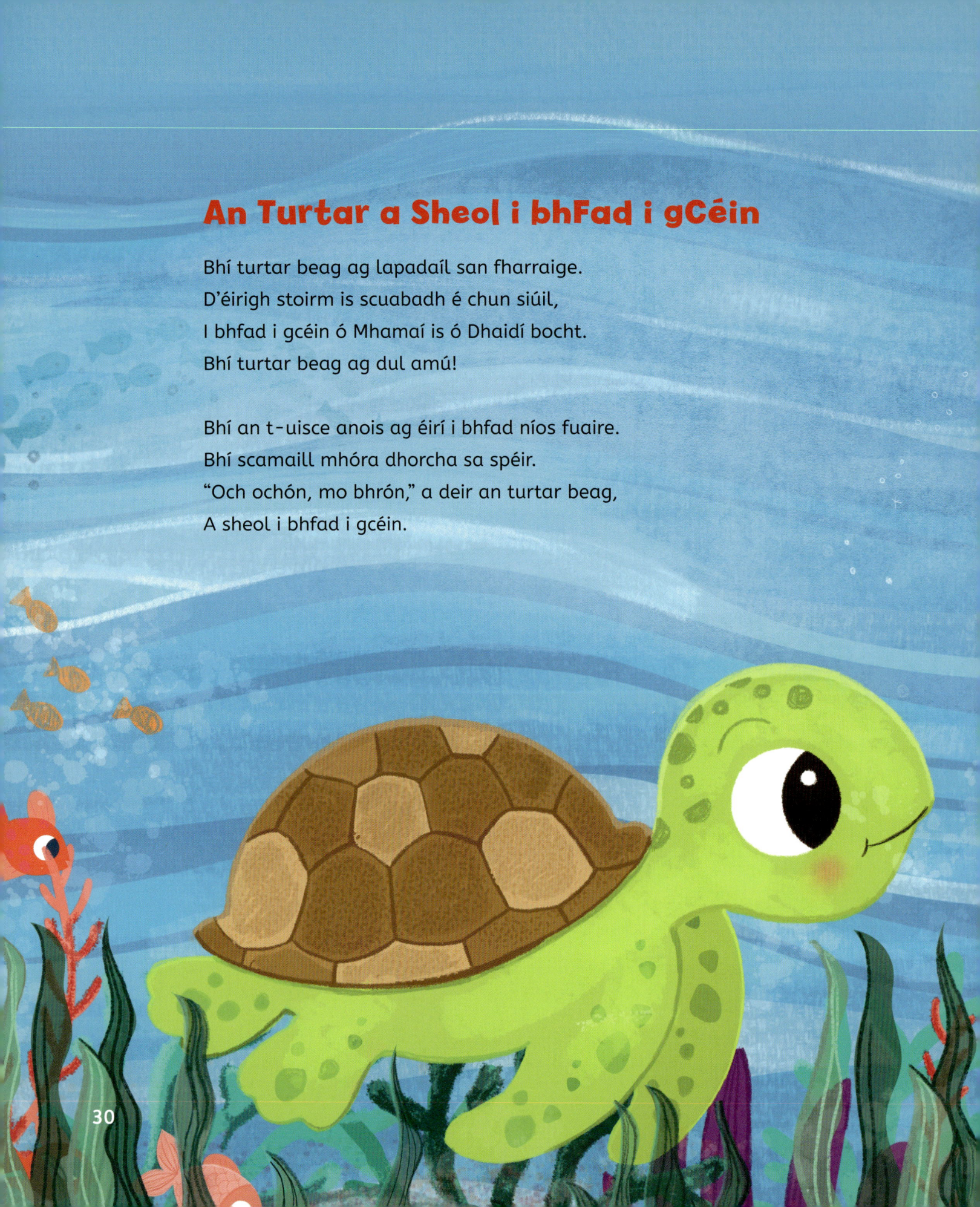

An Turtar a Sheol i bhFad i gCéin

Bhí turtar beag ag lapadaíl san fharraige.
D'éirigh stoirm is scuabadh é chun siúil,
I bhfad i gcéin ó Mhamaí is ó Dhaidí bocht.
Bhí turtar beag ag dul amú!

Bhí an t-uisce anois ag éirí i bhfad níos fuaire.
Bhí scamaill mhóra dhorcha sa spéir.
"Och ochón, mo bhrón," a deir an turtar beag,
A sheol i bhfad i gcéin.

Tar ar ais abhaile arís, a thurtairín.
Tar ar ais abhaile arís, a ghrá.
Tar ar ais abhaile arís, a thurtairín.
Tar ar ais abhaile, a ghrá!

Bhí iascaire ag tarraingt ar a líon mór lán.
Tharraing sé, tharraing sé go tréan.
Céard a bhí istigh ann ach an turtar beag
A sheol i bhfad i gcéin!

Tar ar ais abhaile arís, a thurtairín...

Cuireadh suas ar eitleán an turtar beag.
Siúd chun siúil arís é go beo.
"Féach ag teacht ar ais é," arsa Mam is Daid.
Bhí deora móra áthais leo.

Fáilte romhat abhaile arís, a thurtairín.
Fáilte romhat abhaile arís, a ghrá.
Fáilte romhat abhaile arís, a thurtairín.
Fáilte romhat abhaile, a ghrá!

Albatras

Albatras
Is ainm dom
Éan mór mé
Ag imeacht liom

I bhfad i gcéin
Go hard sa spéir
Os do chionn...

Seolaim mo Bháidín

Seolaim mo bháidín, seolaim mo bháidín,
Seolaim mo bháidín chun siúil. (x2)
As go brách linn, as go brách linn,
Slán go fóill leis an gcuan. (x2)

Seolaim mo bháidín, seolaim mo bháidín,
Trasna na dtonnta i gcéin. (x2)
As go brách linn, as go brách linn,
Mo bháidín is mé féin. (x2)

Casaim mo bháidín, casaim mo bháidín,
Casaim abhaile arís. (x2)
Ar ais abhaile, ar ais abhaile,
Abhaile le titim na hoích'. (x2)

An Sliogán

Nuair a bhím i bhfad ón bhfarraige, airím uaim í gach lá.
Airím uaim na tonnta ag rith i dtreo na trá.
Nuair a bhím i bhfad ón bhfarraige, airím uaim í i mo chroí.
Airím uaim na héin ar fad ag feadaíl is ag glaoch.

Ardaím chuig mo chluas ansin an sliogán álainn glé,
An sliogán sin a fuair tú dom i dtír i bhfad i gcéin.
Éistim leis na tonnta agus éistim leis an ngaoth
Is airím ceol na mara móire ag bualadh i mo chroí.

An Fharraige, an Fharraige

Tháinig chuile dhuine ar an mbaile,
Bhailigh muid le chéile ar an trá
Le málaí móra millteacha le líonadh
Is d'fhan muid ann ag obair linn don lá.

Shiúil muid soir is siar is muid ag cruinniú
An bhruscair a bhí caite ar an trá.
Ba ghearr go raibh na málaí móra líonta,
Nach muide a bhí sásta leis an lá!

An fharraige, an fharraige, grá ár gcroí í go deo.
An fharraige, an fharraige, grá ár gcroí í go deo.

Ba ghearr go raibh an beárbaiciú á réiteach.
Ba ghearr gur cuireadh tús leis an gceol.
Bhí bainseó ann is fidil agus bosca
Is neart againn le hithe is le hól.

Is nuair a bhí an ghrian ag dul a chodladh
Is réaltaí ins an spéir mhór os ár gcionn,
Líon muid mála deireanach le bruscar
Is chroch muid suas an t-amhrán seo go binn:

An fharraige, an fharraige, grá ár gcroí í go deo.
An fharraige, an fharraige, grá ár gcroí í go deo.

Ceol na Mara

Tá codladh ar mo ghráín,
Tá codladh ar mo rún.
Éist le ceol na mara ar an trá,
Seolfaidh ceol na mara thú chun suain.

Curfá:
Le ceol na mara i do chroí i gcónaí,
Seolfaidh tú chun farraige i gcéin.
Beidh rónta ann ag spraoi le míolta móra,
Is fillfidh tú ar maidin orm féin.

Is báidín thú, a stóirín,
Ar fharraige an tsaoil.
'Sé mo ghuí go bhfaighe tú an chóir.
Bíodh ceol na mara ag bualadh i do chroí.

Curfá

Chun éisteacht leis na hamhráin, déan an Cód QR a scanadh le ceamara fóin chliste:

Oscail do Shúile ....

Peadar Portán ....

Cé as a dTagann na Tonnta? ....

Póilín Piongain ....

Fungie ....

Raghnall Rón ....

An Crotach ....

Brídín Bradán ....

Seo Chugainn an Stoirm ....

Brónach Cois Cuain ....

Tógfaimid Caisleán ....

Míol Mór Mise ....

Cé a Chlúdaigh Mé le Gaineamh? ....

Smugairle Róin ....

An Turtar a Sheol i bhFad i gCéin ....

Albatras ....

Seolaim mo Bháidín ....

An Sliogán ....

An Fharraige, an Fharraige ....

Ceol na Mara ....

Na hAmhráin

Is é Tadhg Mac Dhonnagáin a chum ceol agus liricí na n-amhrán go léir sa bhailiúchán seo, seachas na cinn seo a leanas, ar chum Tadhg na liricí dóibh agus John Ryan an ceol:

An Crotach

Peadar Portán

Smugairle Róin

Brídín Bradán

An Turtar a Sheol i bhFad i gCéin

An Sliogán

An Fharraige, an Fharraige

An Taifeadadh

Stiúradh na nglórtha: Tadhg Mac Dhonnagáin agus John Ryan

Taifeadadh, cumadóireacht, seinm, cóiriú, eagarthóireacht, léiriú agus máistriú na dtraiceanna: John Ryan

Rinneadh na hamhráin a thaifeadadh Tigh Futa Fata, An Spidéal, agus i Stiúideo John Ryan, Baile Átha Cliath.

Focal buíochais

Thug go leor daoine cúnamh dúinn an leabhar seo a dhéanamh. Ba mhaith liom buíochas ó chroí a ghlacadh leo seo a leanas:

Foireann Scoil Sailearna, Indreabhán, go mór mór Caitríona Ní Fhiannachta; tuismitheoirí agus caomhnóirí na ngasúr ar oibrigh muid leo; na healaíontóirí iontacha, Tarsila agus Úna; Daire Ó Beaglaoich in Graftrónaic; Róisín, Breda, Gemma agus Éadaoin, Tigh Futa Fata; Brenda, Elena agus Gabbie in O'Brien Press Sales; Alfie agus an fhoireann ar fad in Gill Books; na fonnadóirí óga, Méimí, Ruadhán, Saoirse, Oisín, Tyler agus Éle; na haoi-rannairí a ghlac páirt i dtaifeadadh na n-amhrán an chéad lá riamh: Laura Nic Craith, Caitríona Ní Chualáin agus Rang a Trí (2004-2005), Scoil Sailearna, Indreabhán; Caitlín Ní Chualáin don chomhoibriú ceolmhar le blianta anuas; agus seachas duine ar bith, mo leathbhádóir ceoil le blianta fada, John Ryan, don chúram grámhar a chaith sé le gach traic, idir thaifeadadh, sheinm, chumadóireacht cheoil, mheascadh agus léiriú gach amhráin ar leith.

Mo cheol sibh go léir! Tadhg

Déan an Cód QR seo a scanadh le héisteacht leis na hamhráin ar fad.

Liosta na bhfonnadóirí agus na dtraiceanna:

Oscail do Shúile (liricí agus ceol: Tadhg Mac Dhonnagáin) Glór: Saoirse Ní Neachtain

Peadar Portán (liricí: Tadhg Mac Dhonnagáin; ceol: John Ryan) Glór: Caitlín Ní Chualáin

Cé as a dTagann na Tonnta? (liricí agus ceol: Tadhg Mac Dhonnagáin)
Glór: Caitríona Ní Chualáin

Póilín Piongain (liricí agus ceol: Tadhg Mac Dhonnagáin). Glórtha: Tadhg; Rang a Trí (2004-05), Scoil Sailearna, Indreabhán.

Fungie (liricí agus ceol: Tadhg Mac Dhonnagáin) Glór: Tadhg

Raghnall Rón (liricí agus ceol: Tadhg Mac Dhonnagáin) Glór: Tyler Ó Tuathail

An Crotach (liricí: Tadhg Mac Dhonnagáin; ceol: John Ryan) Glór: Caitlín Ní Chualáin

Brídín Bradán (liricí: Tadhg Mac Dhonnagáin; ceol: John Ryan) Glór: Tadhg

Seo Chugainn an Stoirm (liricí agus ceol: Tadhg Mac Dhonnagáin) Glór: Tadhg

Brónach Cois Cuain (liricí agus ceol: Tadhg Mac Dhonnagáin) Glórtha: Oisín Ó Ceallaigh; Tadhg; Caitlín Ní Chualáin

Tógfaimid Caisleán (liricí agus ceol: Tadhg Mac Dhonnagáin) Glór: Méimí Ní Thuathail

Míol Mór Mise (liricí agus ceol: Tadhg Mac Dhonnagáin) Glór: Tadhg

Cé a Chlúdaigh Mé le Gaineamh? (liricí agus ceol: Tadhg Mac Dhonnagáin)
Glór: Laura Nic Craith

Smugairle Róin (liricí agus ceol: Tadhg Mac Dhonnagáin) Glór: Caitlín Ní Chualáin

An Turtar a Sheol i bhFad i gCéin (liricí: Tadhg Mac Dhonnagáin; ceol: John Ryan)
Glórtha: Tadhg; Caitlín Ní Chualáin

Albatras (liricí agus ceol: Tadhg Mac Dhonnagáin) Glór: Tadhg

Seolaim mo Bháidín (liricí agus ceol: Tadhg Mac Dhonnagáin) Glór: Éle Nic Conaill

An Sliogán (liricí: Tadhg Mac Dhonnagáin; ceol: John Ryan) Glór: Tadhg

An Fharraige, an Fharraige (liricí: Tadhg Mac Dhonnagáin; ceol: John Ryan)
Glór: Ruadhán Ó Flatharta

Ceol na Mara (liricí agus ceol: Tadhg Mac Dhonnagáin) Glór: Tadhg

Na pictiúir a rinne Tarsila

Na pictiúir a rinne Úna